THE ORIGINAL

【原創版】

寫後銷毀
The Original
Burn After Writing

沒有其他人的時候，你可以對自己多誠實?

雪倫・瓊斯（Sharon Jones）著

HOW HONEST CAN YOU BE WHEN NO ONE IS WATCHING?

國家圖書館出版品預行編目資料

寫後銷毀 :/雪倫.瓊斯(Sharon Jones)著 ; 吳琪仁譯. -- 初版.
-- 臺北市 : 遠流出版事業股份有限公司, 2023.04
　　面；　　公分
譯自 : The original burn after writing : how honest can you be
when no one is watching.
ISBN 978-626-361-034-7(平裝)

1.CST: 自我實現 2.CST: 成功法

177.2   112002828

■寫後銷毀[原創版]：沒有其他人的時候，你可以對自己多誠實？■THE ORIGINAL BURN AFTER WRITING　How Honest Can You Be When No One is Watching■作者/雪倫‧瓊斯（Sharon Jones）■譯者/吳琪仁■行銷企畫/劉妍伶■責任編輯/ 曾琬瑜■內文構成/6宅貓■發行人/王榮文■出版發行/遠流出版事業股份有限公司■地址/104005臺北市中山區中山北路一段11號13樓■客服電話　02-2571-0297■傳真/02-2571-0197■郵撥/0189456-1■著作權顧問/蕭雄淋律師■2023年04月01日■初版一刷■定價/平裝新台幣250元（如有缺頁或破損，請寄回更換）■有著作權‧侵害必究/ Printed in Taiwan■ISBN：978-626-361-034-7■遠流博識網 http://www.ylib.com■E-mail: ylib@ylib.com

THE ORIGINAL BURN AFRTER WRITING How Honest Can You Be When No One Is Watching
First published in Great Britain in 2014 by Carpet Bombing Culture www.carpetbombingculture.co.uk,
An imprint of Pro-actif Communications.
© Sharon Jones
www.burnafterwriting.co.uk
Complex Chinese translation copyright © 2023 by Yuan Liou Publishing Co., Ltd.

寫後銷毀
BURN AFTER WRITING

筆勝過鍵盤太多了

每個人用手寫出來的字，就像手印、腳印、歌聲一樣，都是獨一無二的。你寫的每個字都會洩露許多訊息。你拿著筆在紙上寫時，內心世界會顯露無遺。

在這個無限快速複製的時代，唯有獨特才稱得上美。你想我們的後代子孫還會去看我們臉書上的貼文嗎？

在真實的世界留下些什麼，因為畢竟這裡是我們唯一可以真正做自己的地方。你知道的，用手寫下東西，會永久流傳下來。

簡言之

歡迎趁此機會來檢視自己的人生。

你現在是什麼樣貌？你是如何走到現在這裡？你未來要往哪裡去？

這本書裡會提供一些深入探究的問題、心理遊戲、想法測試、作業，全都跟你最有興趣的這個主題有關：你自己。

輕鬆玩玩，還是嚴肅以對，或者兩者兼之，全都由你決定。

但是，寫完之後，請務必把這本書給埋了、藏起來、鎖在秘密的地方，然後走人！不然就是銷毀。

雖然我們這個時代喜歡分享自己的一切，但本書主張反其道而行，敬請各位什麼也別分享。

歡迎！這是屬於你個人的書

這是屬於你的秘密檔案，請存放在某個隱密的地方，只有你能看得到。在這裡，你可以想講什麼就講什麼，自由暢談你所相信的真理，完全不必在意別人會怎麼想。這裡也是你生命裡唯一的一處地方，讓你可以摘下所有的面具。

這本書是對你做個人的採訪，以你為主題，提出犀利的問題來測試你，而你的想法就是結果。

我們長大後都學會討好別人。何不暫時先把這些拋在腦後？抽出一點時間，拿杯咖啡，坐下來，讓自己沉浸在本書裡。

有些問題是隨機出現，就像是喝茶時茶葉留在杯子裡形成的圖樣，有些則是刻意安排，要引導你去瞭解你從未注意到、關於你自己的事情。

現在就來玩關於你自己的真心話大冒險。只有你自己一個人的時候，你能夠多坦誠？

免責聲明

如果你不是真的你這個人，那就不必再繼續下去。因為就寫不出來了呀。你不能啥都不在意的直接跳過這頁，然後直接隨便亂翻一頁就開始寫。不行，你得先申請加入「寫後銷毀」這個組織。

在你加入之前，要像個準備跳下懸崖的傻子，先在這裡暫停一下，想清楚自己是否能接受「寫後銷毀」的崇高價值觀。

- 即使痛苦，但我會誠實地探索內心，認真嚴肅回答所有的問題。
- 我會以神奇的隨機選取方式，選到跟我現況最相關的問題。
- 我會穿過自己內心的走廊，打開所有緊閉的房門。

如果你能夠忠於這些崇高、充滿勇氣的價值觀，那麼絕對歡迎你加入「寫後銷毀」這個認識自我、探尋真相的組織。請按照以下這行字，親手用筆抄寫一遍：

我宣誓效忠「寫後銷毀」！

現在你已經正式加入了。堅守你的信念。接下來，隨機挑選一頁來寫。（或者是讓某一頁挑選到你）

寫後銷毀
BURN AFTER WRITING

事實真相

你無法逃避事實真相，

但是真相肯定該死地能夠躲開你。

據說藝術家會用騙人的手法來呈現事實。我們不知道是否真是如此，只能確定，不可能有人能夠完整呈現事實的真相，尤其是關於你自己的真相。

有時候是因為遺漏了什麼而捏造事實，有時候是閃爍其詞。但不論怎樣，都是有虛構的成分在裡頭，因為說的或寫的，都無法百分之百真實，文字言語跟發生事情的當下，兩者之間的鴻溝實在太大了。

在面對書裡所提出的這些問題時，你可以多誠實以對？說出事實真相的感覺如何？

我認為真正的問題會在於，你透過自己充滿偏見的眼睛，能清楚看見自己的可能性有多大？

不管你選擇怎樣使用本書，在回答問題之前，請先想想什麼是「事實真相」。

至少你要知道自己有沒有在撒謊。

你不能眼睜睜看著某件事情發生而不去做些什麼，

就像你無法看著自己而不去做什麼改變。

THE PAST
過去

　　或許你無法改變已經發生過的事情，但是你記住這些事情的方式從來都不一樣。每次我們在記住什麼事情時，我們都會用不同的角度重新溫習一遍。

　　我們往往捏造自己的過去，以符合眼前的需要。現在，就讓我們反過來，試試在過往經歷的碎片中，找到新的故事線──這些故事線會完全改造我們與現在自己的關係。這個好玩的遊戲沒有什麼規則，但其實是有很多要遵守的地方。只有你自己知道這些規則是什麼。開始吧！

我最早記得的是

小時候，我夢想成為

回首過往，我最懷念的是

用一個字形容我的童年

在成長過程中，我房間牆上貼過的海報是

我最難忘、影響我最大的一個善舉是

我最崇拜的歷史人物是

我的第一次

第一次就像是一場靈魂的大地震。難以忘懷、無法一直下去、摧毀一切。但是從我們笨拙、充滿熱情的第一次殘骸中，極其令人注目、適應力強大的成年人即將出現。很遺憾的是，我們總是希望第一次可以永遠持續下去。

我的第一次

第一個朋友：⋯⋯⋯⋯⋯⋯⋯⋯⋯⋯⋯⋯⋯⋯⋯⋯⋯⋯⋯⋯

第一個戀人：⋯⋯⋯⋯⋯⋯⋯⋯⋯⋯⋯⋯⋯⋯⋯⋯⋯⋯⋯⋯

買的第一張唱片／CD：⋯⋯⋯⋯⋯⋯⋯⋯⋯⋯⋯⋯⋯⋯⋯⋯

第一次到國外度假：⋯⋯⋯⋯⋯⋯⋯⋯⋯⋯⋯⋯⋯⋯⋯⋯⋯

第一個工作：⋯⋯⋯⋯⋯⋯⋯⋯⋯⋯⋯⋯⋯⋯⋯⋯⋯⋯⋯⋯

第一輛車：⋯⋯⋯⋯⋯⋯⋯⋯⋯⋯⋯⋯⋯⋯⋯⋯⋯⋯⋯⋯⋯

第一次表演：⋯⋯⋯⋯⋯⋯⋯⋯⋯⋯⋯⋯⋯⋯⋯⋯⋯⋯⋯⋯

第一個學校：⋯⋯⋯⋯⋯⋯⋯⋯⋯⋯⋯⋯⋯⋯⋯⋯⋯⋯⋯⋯

初吻：⋯⋯⋯⋯⋯⋯⋯⋯⋯⋯⋯⋯⋯⋯⋯⋯⋯⋯⋯⋯⋯⋯⋯⋯

第一個老師：⋯⋯⋯⋯⋯⋯⋯⋯⋯⋯⋯⋯⋯⋯⋯⋯⋯⋯⋯⋯

第一口酒：⋯⋯⋯⋯⋯⋯⋯⋯⋯⋯⋯⋯⋯⋯⋯⋯⋯⋯⋯⋯⋯

你第一次做某件事情是什麼時候？

回顧過去

　　穿過記憶的花園，走進記憶中那些朦朧模糊的歲月，那些大家口中美好的日子。

童年的某一天，我跟朋友一起出去玩，但沒有人知道這是最
後一次了。

如果可以回到過去，誰會出現在那裡？

我們會一起去：

小時候我喜歡什麼音樂？

我第一次用自己的錢買了什麼？

我是在幾歲覺得自己真正是個大人了？

人生中對我影響最大的人：

我曾經最深愛的人

我做過最困難的事是

如果可以重來一遍，我想要改變什麼？

我記得自己聽到的第一首歌是

小時候我收集過什麼？

小時候我的志向是：

對我人生影響最大的老師

我的父母是……

我養的第一隻寵物

小時候我最要好的朋友

童年時期的某樣東西不見很久了，但我很希望可以再看到的
是：

在這世上我感到後悔的一件事是

我曾經沉溺在什麼事情？

什麼時候我覺得最快樂？

對我人生影響最大的一本書是

人生中我做過最瘋狂的事情是

我人生中最戲劇性的轉折是

．

我很高興自己嘗試過、但永遠不會再去做的3件事……

1：_____

2：_____

3：_____

我永遠都不會原諒

我人生中最美好的5段時光

1：_____

2：_____

3：_____

4：_____

5：_____

我一直很想去做、但從來沒去做的5件事

1：_____

2：_____

3：_____

4：_____

5：_____

上一次我說出「我愛你」是什麼時候？

我思念的人是

我最難以忘懷的心動是

年輕時，我做過最聰明的決定是

我對什麼感到愧疚？

我希望自己從來沒有遇到

用3個句子形容我的人生

我現在肩上揹負的包袱是

關於我的最愛

　　三不五時會有某個東西讓你愛到不行。你會覺得，終於有人懂你了，彷彿有人可以看進你的靈魂，特別只為你寫一首歌。這些陪著你一起成長，讓你的人生變得更多彩多姿。

我的最愛有……

最愛的前五項

最愛的5個樂團

1：_____

2：_____

3：_____

4：_____

5：_____

最愛的5張專輯

1：_____

2：_____

3：_____

4：_____

5：_____

最愛的5首歌

1：_____

2：_____

3：_____

4：_____

5：_____

最愛的前五項

最愛的5場演唱會／音樂會

1：_____

2：_____

3：_____

4：_____

5：_____

最愛的5本書

1：_____

2：_____

3：_____

4：_____

5：_____

最愛的5部電影

1：_____

2：_____

3：_____

4：_____

5：_____

最愛的前五項

世界上最愛的5個地點

1：_____

2：_____

3：_____

4：_____

5：_____

最愛的5個城市

1：_____

2：_____

3：_____

4：_____

5：_____

最棒的5個體驗

1：_____

2：_____

3：_____

4：_____

5：_____

最愛的前五項

最愛的5個「普通」人

1：_____

2：_____

3：_____

4：_____

5：_____

最愛的5位名人

1：_____

2：_____

3：_____

4：_____

5：_____

最愛的5位創意天才

1：_____

2：_____

3：_____

4：_____

5：_____

如果我可以跟某個人（在世或不在世都可以）待在一起48小時，那人會是：

16歲的我會認為現在的我如何呢？

如果我可以活在任何一個年代，我希望那個年代是？

請用3個字形容過去3年你的人生：

1：_____

2：_____

3：_____

過去12個月裡，我完成了哪三件事令我最感到自豪：

1：＿＿＿＿＿＿＿＿＿＿＿＿＿＿＿＿＿＿＿＿＿＿＿＿＿＿＿＿

2：＿＿＿＿＿＿＿＿＿＿＿＿＿＿＿＿＿＿＿＿＿＿＿＿＿＿＿＿

3：＿＿＿＿＿＿＿＿＿＿＿＿＿＿＿＿＿＿＿＿＿＿＿＿＿＿＿＿

我人生最重要的關鍵時刻是

我一直苦惱著

我的人生中有哪5項重大轉捩點，造就了今天的我

1：_____

2：_____

3：_____

4：_____

5：_____

我最喜歡的童年回憶是

我做過最艱難的決定是

我做過愚蠢的事情是

快問快答

我曾經

談過戀愛（　）沒考到駕照（　）

跳傘（　）骨折（　）贏得獎牌（　）

學過外語（　）做過SPA（　）

吻了某個人但後悔了（　）抽過雪茄（　）

坐救護車（　）拒絕某人（　）

搭直昇機（　）認識某位名人（　）

寫遺囑（　）看到爸媽的網路歷史紀錄（　）

知道國歌歌詞（　）

是別人乾爸／乾媽（　）替某人送葬（　）結婚（　）

跟別人一起洗澡（　）捐血（　）

記住一首詩（　）打破某個貴重物品（　）

考慮整型（　）高空彈跳（　）

整型過（　）跟爸爸／媽媽一起跳舞（　）

從高台跳下（　）跳水（　）

減重過（　）有看不見的朋友（　）

做過伴郎／伴娘（　）跟某人約會過兩次（　）

比賽獲勝（　）刪除自己的網路歷史紀錄（　）

在一群人面前演講（　）

快問快答

我曾經

徹夜未歸（ ）參加聯誼／去相親（ ）

去按摩（ ）唱卡拉OK（ ）看日出（ ）

看夕陽（ ）在賭場輸錢（ ）變裝（ ）

自己種菜（ ）換車子輪胎（ ）

親吻陌生人（ ）上電視（ ）

拿錢給街上的乞討者（ ）離婚（ ）

親手寫情書（ ）攀登高山（ ）

愛上同性的某個人（ ）

減肥兩次（ ）送出瓶中信（ ）

知道一個不錯的笑話（ ）

領過最低工資（ ）欺騙別人（ ）

賭贏了（ ）寫過詩（ ）上台表演（ ）

開過槍（ ）參加同學會（ ）做過DJ（ ）

騎過機械公牛（ ）學過急救（ ）

救過別人（ ）讓別人傷心（ ）

當過公益團體的志工（ ）矇騙警察（ ）

學過打牌（ ）拿到學位（ ）交過筆友（ ）

24小時未闔眼（ ）資助一個兒童（ ）

做過劈腿動作（ ）騙醫生（ ）再婚（ ）

簽署器官捐贈同意書（ ）算過塔羅牌（ ）

我這輩子學到的事

我這輩子學到的事

我的懺悔

　　沒有什麼比真心懺悔更能照亮靈魂。就讓接下來這兩頁成
為你的告解室。

我的懺悔

第一次與最後一次

　　第一次是重大的、有意義的、難以忘懷的，不論接下來會怎樣，都是充滿各種新的可能性，讓人興奮雀躍。不過也想想那些最後一次。想想最後是怎樣，還有當時甚至連看都沒看到的結局⋯⋯

我會用來形容自己的第一個字

上一次我覺得快樂的時候

如果由我治理這個國家，我會做的第一件事是

睡覺前我會做的最後一件事是

我的初戀

上一次我哭的時候是

我最推心置腹的人是

我最無法信賴的人是

我第一次心碎的時候

最後一次說我愛你的時候

遇到危險時，我第一個會打給誰

我最後一次恭喜自己的時候

我第一個真正的朋友

我最後一個全心投入的事情

我第一次失去所愛之人的時候

我上一次做某件事情失敗的時候

我第一次覺得可以達成目標的時候

我上一次覺得自己成功的時候

第一首讓我覺得感動的歌

我上一次説謝謝的時候

第一個令我著迷的人

上一次我生氣的時候

家裡著火時，我第一個會保護的東西是

最後一次我全力以赴的時候

人生苦短

你要及時行樂

THE PRESENT
現在

過去發生的每個片刻都沒什麼不同。每個片刻都包含了所有一切。無一例外。

大家都要你活在當下。因為這樣比較好把東西賣給注意力比金魚還短暫的現代人。但是，現在的你，到底是走到哪裡了？要回答這個問題，你必須離開現在這個當下，進入可以反思的空間。

你必須將時間暫停，停下腳步，回頭看看。唯一能夠真正看到現在的方法，就是離開現在。請用言語文字來表達。凍結你那些焦慮煩躁的主觀想法，釐清自己的思緒，讓內心回到澄靜清明的狀態。

從當下這個現場如馬戲團一片混亂的地方，看出隱藏在後面的真相。

你現在是走到了哪裡？

你現在是怎樣的人？

我在人生中所獲得的最大啟示是

我最珍貴的個人物品是

今天我學到

我應該要放手的是

如果有人給我兩萬元，我會花在

讓我會起雞皮疙瘩的一首歌

我想改變自己的一件事

立刻會惹毛我的3件事情

我如果隨機播放，前5首會出現的歌是

1：＿＿＿＿＿＿＿＿＿＿＿＿＿＿＿＿＿＿＿＿＿＿

2：＿＿＿＿＿＿＿＿＿＿＿＿＿＿＿＿＿＿＿＿＿＿

3：＿＿＿＿＿＿＿＿＿＿＿＿＿＿＿＿＿＿＿＿＿＿

4：＿＿＿＿＿＿＿＿＿＿＿＿＿＿＿＿＿＿＿＿＿＿

5：＿＿＿＿＿＿＿＿＿＿＿＿＿＿＿＿＿＿＿＿＿＿

如果我可以跟過去的古人交談，我想跟誰說話？

我的人生座右銘是

我想修補的一段關係是

讓我快樂的事情

如果小精靈讓我可以有3個願望，那會是

1：_____

2：_____

3：_____

我的自傳會叫做

生活中，我最愛的小確幸是

如果我可以給某個人一樣東西，那會是

會讓我大笑的是

我心裡很羨慕

如果我現在可以到世界上的任何地方，那會是

如果我是牆壁上的一隻蒼蠅……

我最大的恐懼是

這就是我

要活在當下，還是爲將來打算？

每個人好像都各有各的看法。

聽聽就好。不必盲從。做你自己。去你想去的地方。

大家都說你現在這樣就很不錯了。聽了壓力還眞大！他們都錯了。做你自己就好。沒有人比你更清楚自己是否快樂，他們只是假裝知道而已。

我是……

我現在正在做的大事是

用6個詞形容我的個性

1： 4：

2： 5：

3： 6：

不管真實的年齡，我覺得我現在是幾歲？

如果我可以選擇永遠待在某個年代，那會是

如果我現在打開冰箱，我會拿哪個東西？

人生中我需要哪5樣東西

1：_____

2：_____

3：_____

4：_____

5：_____

人生中我想要哪5樣東西

1：_____

2：_____

3：_____

4：_____

5：_____

說出你的眞心話。
假設每個人的面具後面都隱藏著什麼。
你有嗎？你的眞實面目是？

我是： ....
我不是： ....

我熱愛： ....
我討厭： ....

我有： ....
我從沒有： ....

我喜歡： ....
我不喜歡： ....

我愛： ....
我恨： ....

坦誠說出來……

我需要：..

我想要：..

我能夠：..

我無法：..

我總是：..

我從不：..

我害怕：..

我不害怕：..

我很擅長：..

我很不會：..

我想要多一點：..

我想要少一點：..

我永遠都無法敬重

如果我可以改姓，我想改成

如果我不得不得要去上電視節目，那個節目會是

如果我可以把某個人關在房間裡折磨一天，那個人是

在哪件事情上面花一些錢，我覺得是沒問題

如果我有個洗腦機器，我想用在

現在我腦中浮現的第一首歌是

如果我中樂透，要多少錢我才滿意

如果我現在可以拿起電話打給某個人，那會是誰（不論是否
還在世）

我是

在以下每列特質中，圈出你認為最符合你個性的形容詞。

杞人憂天	還是	沉著冷靜
一心一意	還是	靈活變通
無所畏懼	還是	小心翼翼
憂心忡忡	還是	無憂無慮
著眼大局	還是	注重細節
積極進取	還是	優哉游哉
動作快速	還是	慢吞吞
輕鬆自在	還是	沒有耐性
內向	還是	外向

最後的……

　　轉瞬即逝的片刻就像風中的哨聲一樣從我們旁邊擦身而過。你能夠像電影《小子難纏》的宮城先生在半空中用筷子抓蒼蠅那樣，捕捉到某個瞬間嗎？

最後一次看的電影：..

最後一次讀的書：..

最後一次看的表演：..

最後一次哭：..

最後一次聽到的歌：..

最後一次感到的害怕：...

最後一次跳的舞：..

最後一次感到的憤怒：...

最後一次大笑：...

最後一次喝醉：...

我必須原諒

如果我要清掉某個雜物，那會是

我希望我有的一項技能是

如果我下半生被驅逐出境，我會想去哪裡？

要修補破碎的心，我最萬無一失的秘方是

我做過最棒的3道菜是

1： _____

2： _____

3： _____

如果為了拯救世界，我必須犧牲一位家人，那會是

如果我的房子著火，我會先搶救哪3樣東西

1： _____

2： _____

3： _____

一個字詞

　　快速想一下，總比完全沒想過好。避開你的心理過濾，直接切入重點。不要停下來，不要想太久，不要做批判。如果你可以只用一個字詞說任何你想說的，你會說的是……

我的工作：

我的另一半：

我的身體：

我的感情：

我的神聖之地：

我的恐懼：

我的童年：

我的癖好：

我的熱情：

我的剋星：

我的懊悔：

一個字詞

令我興奮的：...

令我倒胃口的：...

我的英雄：...

我的未來：...

我的幻想：...

我的致命弱點：...

我的愧疚：...

我最大的美德：...

我的罪惡：...

一加一大於二的是

_____+_____+_____=家人

_____+_____+_____=愛

_____+_____+_____=人生

看看我朋友的生活，我認為誰過得很不錯？

如果我可以在頭腦裡裝入3種語言（完全無須費力），我會選擇⋯⋯

如果我現在可以讓某個人死而復活，這人會是

現在人生中最讓我費心的是

我想一拳打在誰的臉上？

如果我可以回到過去，見證某個歷史事件的發生，那會是

令我難以啟齒、甚至連最要好的朋友都難以開口說出的事情
是⋯⋯

需要被原諒的人是

對我意義重大的人

對我意義重大的人

我覺得可笑的事情是

如果我可以讓某樣東西永遠消失，那會是

用5個詞來形容我的父母

1：

2：

3：

4：

5：

我人生中最大的破洞是什麼造成的？

如果今天我獲得40萬元，但條件是我不能用在自己身上，那我會

現在，此刻，我最想要的東西是

我會用哪一個詞來形容我跟母親的關係？

我會用哪一個詞來形容我跟父親的關係？

如果我可以把自己的人生故事拍成好萊塢電影，那片名會叫
做：

然後我會找誰來演

_____ 飾演 _____ 我 _____
_____ 飾演 _____
_____ 飾演 _____
_____ 飾演 _____
_____ 飾演 _____
_____ 飾演 _____

這部電影的片頭曲是

這部電影的主題曲是

這部電影的片尾曲是

用3個詞形容信仰

1：＿＿＿＿＿＿＿　2：＿＿＿＿＿＿＿　3：＿＿＿＿＿＿＿

如果我必須在一大堆陌生人面前，用卡拉OK伴唱帶唱歌，那
這首歌會是

如果我要辦一個晚宴，我可以邀請3個客人（不論是否還在
世），會是誰？

我的小孩名字是（不論是否真的是我生的）

如果用一個字詞來形容我現在的感情生活，那會是

對我意義重大的事是……

我的特質

承認吧，每個你認識的人，你都會批評一番。我們都是這樣。

要不要這次換成你來批判自己？

誠實	1	2	3	4	5	6	7	8	9	10
慷慨	1	2	3	4	5	6	7	8	9	10
寬容	1	2	3	4	5	6	7	8	9	10
快樂	1	2	3	4	5	6	7	8	9	10
忠誠	1	2	3	4	5	6	7	8	9	10
獨特	1	2	3	4	5	6	7	8	9	10
幽默	1	2	3	4	5	6	7	8	9	10
聰明	1	2	3	4	5	6	7	8	9	10
樂於助人	1	2	3	4	5	6	7	8	9	10
才華洋溢	1	2	3	4	5	6	7	8	9	10
有自信	1	2	3	4	5	6	7	8	9	10
謙虛	1	2	3	4	5	6	7	8	9	10
關愛	1	2	3	4	5	6	7	8	9	10
包容	1	2	3	4	5	6	7	8	9	10
率真	1	2	3	4	5	6	7	8	9	10
健康	1	2	3	4	5	6	7	8	9	10
有創意	1	2	3	4	5	6	7	8	9	10
時尚	1	2	3	4	5	6	7	8	9	10

我厭煩老是聽到

如果四下無人時，我會

我最珍惜的東西是

我最有罪惡感的享受是

如果今天我可以把一個東西變不見，那會是

我的獨門密技是

最能夠用來形容我人生的歌名是

如果我只有兩個星期可活，我會

哪件事情是我現在在做、但希望能夠不要再做的

如果我可以改變一件世界上正在發生的大事，那會是

我很擔心什麼？

聯想詞

提到「人生」，你會想說什麼？不要思考太久，只要把腦海浮現的第一個詞寫下來就好。讓你的潛意識來說。透過隨機的神奇力量，你或許會很訝異發現自己的一些事情。

人生：＿＿＿＿＿＿＿＿　　信仰：＿＿＿＿＿＿＿＿＿

工作：＿＿＿＿＿＿＿＿　　掌控：＿＿＿＿＿＿＿＿＿

信任：＿＿＿＿＿＿＿＿　　愛：＿＿＿＿＿＿＿＿＿＿

聲譽：＿＿＿＿＿＿＿＿　　家庭：＿＿＿＿＿＿＿＿＿

寬恕：＿＿＿＿＿＿＿＿　　犧牲：＿＿＿＿＿＿＿＿＿

弱點：＿＿＿＿＿＿＿＿　　年齡：＿＿＿＿＿＿＿＿＿

死亡：＿＿＿＿＿＿＿＿　　誠實：＿＿＿＿＿＿＿＿＿

紀律：＿＿＿＿＿＿＿＿　　戰爭：＿＿＿＿＿＿＿＿＿

謊言：＿＿＿＿＿＿＿＿　　成功：＿＿＿＿＿＿＿＿＿

悲傷：＿＿＿＿＿＿＿＿　　慾望：＿＿＿＿＿＿＿＿＿

過去：＿＿＿＿＿＿＿＿　　恐懼：＿＿＿＿＿＿＿＿＿

過量：＿＿＿＿＿＿＿＿　　家：＿＿＿＿＿＿＿＿＿＿

憎恨：＿＿＿＿＿＿＿＿　　未來：＿＿＿＿＿＿＿＿＿

天真：＿＿＿＿＿＿＿＿　　失敗：＿＿＿＿＿＿＿＿＿

受害者：＿＿＿＿＿＿＿　　幽默：＿＿＿＿＿＿＿＿＿

懊悔：＿＿＿＿＿＿＿＿　　嫉妒：＿＿＿＿＿＿＿＿＿

母親：＿＿＿＿＿＿＿＿　　坦白：＿＿＿＿＿＿＿＿＿

在這世界上跟我最親近的3個人（請用3個詞來描述他們）

1：＿＿＿＿＿＿＿＿＿＿＿＿＿＿＿＿＿＿＿＿＿＿＿＿＿＿＿＿＿＿＿

2：＿＿＿＿＿＿＿＿＿＿＿＿＿＿＿＿＿＿＿＿＿＿＿＿＿＿＿＿＿＿＿

3：＿＿＿＿＿＿＿＿＿＿＿＿＿＿＿＿＿＿＿＿＿＿＿＿＿＿＿＿＿＿＿

1：＿＿＿＿＿＿＿＿＿＿＿＿＿＿＿＿＿＿＿＿＿＿＿＿＿＿＿＿＿＿＿

2：＿＿＿＿＿＿＿＿＿＿＿＿＿＿＿＿＿＿＿＿＿＿＿＿＿＿＿＿＿＿＿

3：＿＿＿＿＿＿＿＿＿＿＿＿＿＿＿＿＿＿＿＿＿＿＿＿＿＿＿＿＿＿＿

1：＿＿＿＿＿＿＿＿＿＿＿＿＿＿＿＿＿＿＿＿＿＿＿＿＿＿＿＿＿＿＿

2：＿＿＿＿＿＿＿＿＿＿＿＿＿＿＿＿＿＿＿＿＿＿＿＿＿＿＿＿＿＿＿

3：＿＿＿＿＿＿＿＿＿＿＿＿＿＿＿＿＿＿＿＿＿＿＿＿＿＿＿＿＿＿＿

我又愛又恨的5件事情

1：_____

2：_____

3：_____

4：_____

5：_____

我做過最為善不欲人知的事情是

在一天結束時，誰會等著我

以1到10計分，我對自己人生有多滿意？

1	2	3	4	5
6	7	8	9	10

什麼能讓我對自己的人生百分之百滿意？

我最黑暗的秘密

關於我的二三事

出生地：...

父母：...

現居地：...

兄弟姊妹：...

職業：...

星座：...

政黨傾向：...

對什麼過敏：...

寵物：...

公益團體：...

報紙：...

雜誌：...

飲料：...

早餐：...

開胃菜：...

主菜：...

甜點：...

餐廳：...

小吃店：...

關於我的二三事

社團： ....

喜歡的旅館： ....

衣服： ....

鞋子： ....

車子： ....

電話： ....

相機： ....

理想工作： ....

訂閱： ....

電腦： ....

樂團： ....

商店： ....

吃了開心的食物： ....

嗜好： ....

消遣： ....

球隊： ....

遊戲： ....

網站： ....

電視節目： ....

家庭是

家庭是

影響我最深的建議是

我認為現在我掌握自己人生的程度到幾成？

1   2   3   4   5   6   7   8   9   10

怎樣能讓我完全掌控自己的人生？

我夢想的工作

我最愛的食物

我最珍惜的物品

我最棒的週末夜晚

真希望我可以一再擁有的東西

我不為人知的天賦才能

我真的很不擅長的事情

我可以反覆一看再看的電影

一生的最愛

歌： ....

專輯： ....

表演： ....

地方： ....

電影： ....

書： ....

樂團： ....

藝術家： ....

節慶： ....

城市： ....

老師： ....

字： ....

節目： ....

最無價的

用錢也買不到的東西是……

狂放的一面

有時候循規蹈矩不見得是對的。理智的人不見得都是頭腦聰明。我們不知這怎樣才說得通，但就是如此。這個世界不見得都是對的，所以在這個不見得都是對的世界裡，做不對的事怎麼會是不對的呢？

我曾經：

□裸泳　　　　　　　□被逮捕

□跳河　　　　　　　□喝醉

□打架　　　　　　　□見到某人死／某個東西消失

□整晚開趴　　　　　□抽菸

□被開除　　　　　　□傷口縫線

□刺青　　　　　　　□玩角色扮演

□當不速之客　　　　□考試作弊

□在月光下起舞　　　□蹺課

□偷竊　　　　　　　□參加音樂節

□親吻同性的人

狂放的一面

- ☐ 穿耳洞
- ☐ 親吻陌生人
- ☐ 沒穿內褲
- ☐ 在戶外小便
- ☐ 被俱樂部趕出來
- ☐ 騙人
- ☐ 報復
- ☐ 超速
- ☐ 玩牌賭錢
- ☐ 女扮男裝／男扮女裝
- ☐ 去酒家
- ☐ 蹺班

- ☐ 染髮
- ☐ 心碎
- ☐ 生吃某個東西
- ☐ 整型
- ☐ 抗議什麼事情
- ☐ 開槍
- ☐ 抽雪茄
- ☐ 喝香檳是整瓶用灌的
- ☐ 愛上不該愛的人
- ☐ 去脫衣舞夜總會
- ☐ 打惡作劇電話給某人
- ☐ 殺動物

我最想要感謝的5個人：

1：

2：

3：

4：

5：

我的口頭禪是什麼？我的人生準則是⋯⋯

我要往哪裡去？

THE FUTURE
未來

　　預測自己的未來需要一點想像力。這難在於有時候我
們能夠心想事成，有時候卻不能。而且就算我們心裡所
想像的畫面是非常清晰明確，但結果往往大多仍是出乎
意料之外。幸好我們對未來的想像很少是極為具體的。

　　你要往哪裡去？你要往哪裡去？

　　你要往哪裡去？準備要走向何方？現在呢？現在要做
什麼？明確的說，這個問題不是在問你想要去哪個地
方，或者是做夢幻想著自己最後會到達哪裡。請檢視一
下，你在自己真實的人生中都在幹嘛。找出你在每天日
常生活節奏中的模式，以此來推測。請務必認真看待接
下來的這個部分，因為10年後當你回頭再看自己現在寫
的，會覺得非常有趣。

　　接著，就讓我們朝向大膽預測的方向，出發吧！

用3個字描述我的未來

1：_____

2：_____

3：_____

對於未來，我最感到興奮的事情是

對於未來，我最憂慮的事情是

我理想的家是

如果我知道自己不會失敗的話，那我願意冒的險是

我願意為了什麼犧牲自己性命？

我需要放下的3件事情

1：_____

2：_____

3：_____

是這個？ 還是那個？

　　以下的測驗要比人格心理測驗更能勾勒出我們生活的樣貌。請記住，在這個膚淺的世界裡，重要的是，你喜歡什麼，而不是你像什麼樣的人。

騎行過程	還是	目的地
五月天樂團	還是	蘇打綠
蘋果電腦	還是	PC
紅酒	還是	清酒
有錢	還是	有名
BMW	還是	賓士
甜	還是	鹹
古典音樂	還是	流行音樂
上帝	還是	大霹靂
百事可樂	還是	可口可樂
倫敦	還是	紐約
Nike	還是	愛迪達
茶	還是	咖啡
同性戀	還是	異性戀
電影	還是	音樂
夏天	還是	冬天
左派	還是	右派
誠實	還是	大膽
靈性	還是	無神論
科普書	還是	虛構小說
城市	還是	鄉村
死刑	還是	終生監禁
希區考克	還是	史匹柏
預知未來	還是	改變過去
拉斯維加斯	還是	巴黎

是這個？ 還是那個？

藝術	還是	科學
名譽	還是	金錢
智慧	還是	美麗
外出	還是	在家
iPhone	還是	三星手機
更多時間	還是	更多錢
Subway	還是	麥當勞
看電影	還是	讀書
伍佰	還是	張惠妹
自由	還是	穩定
高山	還是	海邊
創意	還是	知識
刺青	還是	穿洞
《想見你》	還是	《我們與惡的距離》
財富	還是	外貌
奇數	還是	偶數
前菜	還是	甜點
冒險	還是	無所謂
打電話	還是	傳簡訊
明星	還是	藝術家
火化	還是	土葬
就是要贏	還是	參與才重要
如何運作	還是	看起來如何
外形	還是	功能
理性	還是	感性
緩慢	還是	快速
樂觀	還是	悲觀
現實主義者	還是	理想主義者
頭腦	還是	心

……或者兩者皆非

我認為每個人一生都應該要經歷的一件事是

人類未來最大的敵人

我夢想中的團聚

如果我現在有一個空檔年，我會去

我目前努力想要獲得的成功是

我接下來的挑戰是

熱情就是動力

我很想學：...

我很想去：...

我很想去嘗試：...

我很想做：...

我很想放下：...

我很想研讀：...

我很想談論：...

我很想看到：...

我很想學習去：...

我很想改變：...

我很想幫助：...

我很想停止：...

我很想成為：...

哪 3 件事情是我拖著、但必須要去做的？

哪一點是我對待自己孩子不同於我爸媽對待我的？

現今世界所面臨的最大挑戰是

未來是

讓我們來玩玩預測未來的遊戲！

未來你想要什麼？

哈囉!這是未來在呼叫

在10年內,我將會

開著一輛:..

專注在:..

慶祝:...

住在:...

成為(職銜):..

有興趣:..

需要:...

學著:...

成為一個成功的:...

認真於:..

開心地:..

在什麼道路上:..

仍然跟誰聯繫:..

試著探尋:...

很高興離開了:..

精通:...

願望清單上，我活著的時候一定要去的10個地方

1：..

2：..

3：..

4：..

5：..

6：..

7：..

8：..

9：..

10：..

想要讀的書

1：

2：

3：

4：

5：

6：

7：

8：

9：

10：

我最愛的詩／歌詞

我最愛的詩／歌詞

在10年之內，我的錢財會來自於

我想退休去

我心目中最棒的自駕旅行是

我必須替……騰出空間

我夢想著

我永遠都不會傳出去的簡訊

我永遠都不會講出來的回憶

我會很高興寄出的一封信

我會很高興收到的一封信

年老時會讓我覺得害怕的事情是

如果我在死前幾小時可以跟任何人做任何事，我會

如果我可以在任何地方躺下來休息，我會想在哪裡？

在我的葬禮上，我會想播放的一首歌是

我會遺留下來的東西是

播放清單

以下這些歌是我的人生配樂

1：..

2：..

3：..

4：..

5：..

6：..

7：..

8：..

9：..

10：..

發誓——就是現在！

圈出你發誓去做的事情，再加上你自己想的！

　　　　說不

　　　　　　　　　　　　原諒自己的過錯

　　　　　　不後悔

　　　　　　　　　　　　　　排出優先順序

多睡覺

　　　　　　　　　　善待自己

　　　徹底改變

　　　　　　　　　　　　　付出更多

　　　談戀愛

　　　　　負起責任

　　　　　接受批評

　　　創作藝術

　　　　　　　　　　　　做自己

　　聰明、有效率地工作，而不是埋頭苦幹

　　不要太擔憂

　　　　　　　　　幫助別人

發誓──就是現在！

　　　　　　　　　　　　　　　　付出更多愛
接受變化
　　　　　　　　多多傾聽
　　　　　　　　　　　　　　　　　　不怨恨
　　　　　　　　冒險一試
　　　說實話
　　　　　　　　堅定而有自信
　　　　　　　　　　　更謙卑
放鬆一些
　　　　　　　道歉
　　　不緊張
　　　　　　　　　　　　　　吃美食
　　　　　　　多微笑
多旅行
　　　　　　　　　　　勇於夢想
　　　　不管怎樣都保持好心情
歸功他人，咎責於己
　　　　　　　　　　　心懷感謝

未來從此開始

從現在起的一個禮拜之內，我將：

從現在起的一個月之內，我將：

從現在起的一年之內，我將：

從現在起的10年之內，我將：

我的人生準則

#1 ....

....

#2 ....

....

#3 ....

....

#4 ....

....

#5 ....

....

心願清單

　　沒有什麼是永恆不變的，更別說你這個人了。想想生命有限，人人終將一死，這應該會讓你動起來，對人生有新的渴望。死神或許正騎著他的骷髏馬而來，但你不會乖乖就這麼下台一鞠躬。請讓自己在最終闔眼之前，有些美好的事情可以回顧。

從下面所列的項目勾選，然後開始去完成你的願望。

☐ 要開心	☐ 去露營	☐ 跑半馬
☐ 登山	☐ 參加三鐵	☐ 種樹
☐ 滑雪	☐ 搭直昇機	☐ 划獨木舟
☐ 開槍射擊	☐ 騎馬	☐ 當背包客
☐ 學一種外語	☐ 捐錢給公益團體	☐ 演奏樂器
☐ 攀岩	☐ 參加合唱團	☐ 學雜耍
☐ 跳騷莎舞	☐ 寫遺囑	☐ 坐熱氣球
☐ 給牛擠奶	☐ 高空跳傘	☐ 參加快閃族
☐ 水肺潛水	☐ 學習武術	☐ 泛舟
☐ 學急救	☐ 下西洋棋	☐ 學飛行
☐ 製做陶器	☐ 刺青	☐ 畫一幅畫
☐ 寫部落格	☐ 寫短篇小說	☐ 去健身房
☐ 破解魔術方塊	☐ 烤蛋糕	☐ 做志工／募款
☐ 找到「專長」	☐ 創業	☐ 學習冥想
☐ 騎摩托車	☐ 自駕旅行	☐ 寫書
☐ 練瑜珈	☐ 捐血	☐ 學編織
☐ 高空彈跳	☐ 快樂點	

我的願望清單

我死前想要做的10件事情

1： ....

2： ....

3： ....

4： ....

5： ....

6： ....

7： ....

8： ....

9： ....

10： ....

我想要……少一點

我想要……多一點

人生是

自由就是自己想怎麼定義，就怎麼定義。

人生是： ....

懊悔是： ....

成功是： ....

孩子是： ....

死亡是： ....

快樂是： ....

人生是

愛是：..

信念是：...

工作是：...

金錢是：...

和平是：...

信仰是：...

政治是：...

我想要傳遞下去的人生智慧

　　想像你只剩下9分鐘可活。你手邊有紙跟筆，讓你可以寫下你覺得這一生中學到最棒的事情，然後傳遞給你的孩子或某個親近的人。告訴他們，你希望他們傳承什麼下去。你會想要傳達什麼？現在請寫下來！

我想要傳承下去的東西

愛是

我的啟發

　　你啟發了我，讓我渴望在生命中得到更多。朝著你曾經向我揭示的方向，期盼自己是可以成長的。當然不是只跟隨著你的腳步，而是追尋你曾經追尋的。

我的啟發

我的伴侶

屬於我們的未來是： ....

屬於我們的特殊時刻： ....

屬於我們的歌： ....

屬於我們的城市： ....

我愛你的5件事

1： ....

2： ....

3： ....

4： ....

5： ....

我的伴侶

會令我興奮的是：...

會令我倒胃口的是：...

我會為你改變的事：...

我的懺悔：...

你會讓我抓狂的5件事

1：...

2：...

3：...

4：...

5：...

關於我的伴侶

我覺得最美好的兩人約會是

我是怎麼愛上你的

我愛你的……

如果……我會更愛你

我的伴侶是

在下面每行圈選出你認為最符合自己伴侶個性的特質。

焦慮	還是	淡定
固執	還是	靈活變通
大膽	還是	謹慎
悶悶不樂	還是	總是很快活
綜觀全局	還是	注重細節
好勝	還是	隨和
悲觀	還是	樂觀
很有耐心	還是	急躁
多疑	還是	很放心

寫給未來自己的一封信

寫給未來自己的一封信

我未來的計劃

時間膠囊

請跟著我唸

我不會盲目地聽命行事。

現在，忘掉這個，按照我說的做。因為我就是你，是你頭腦裡的聲音。

從一到十，選一個數字。剝顆橘子，往你身後丟。再拿個骰子一丟，做好決定。

幾年過後，你可以回頭看看這本書，再回答一遍裡面問的問題。

然後，你能夠遇見真正的自己，就像在那個老是出現的怪夢裡，你所看到的自己一樣，只是這次是在更有趣的情況下見到真實的自己。

恭喜真相探尋者。你已經來到探尋之旅的終點了。不論是好是壞，你應該更瞭解了自己一些。或許你體認到你的這個「自己」只是一個構造物，由你每天建造、再建造。

或許不是這樣

或許是這樣。

寫了之後就銷毀掉